C. BOUVIER

J.-P. VEYRAT

JOURNALISTE

CHAMBÉRY

IMPRIMERIE SAVOISIENNE, RUE DU CHATEAU

1894

C. BOUVIER

J.-P. VEYRAT

JOURNALISTE

CHAMBÉRY

IMPRIMERIE SAVOISIENNE, RUE DU CHATEAU

1894

A Messieurs

Ḣ. Laracine & Ɛ. Arminjon

en témoignage d'affectueux respect.

C. B.

Deux livres de vers relégués au fond des vieilles bibliothèques savoyardes, un nom inscrit par Sainte-Beuve au catalogue des petits poètes français, quelques pages inspirées par une amitié tenace ou par la curiosité littéraire, voilà tout ce qui conserve à notre génération le souvenir de J.-P. Veyrat. Méconnu de ses contemporains, le pauvre écrivain est presque ignoré de ses successeurs. L'oubli a vite poussé sur la fosse commune où, après une courte existence de travail et de douleur, il alla dormir à côté des gens qui ne sont pas assez riches pour assurer le repos et l'immobilité à leur cendre. Nul monument ne chargea son tombeau ; de trop rares éloges couronnèrent son œuvre. On dirait que le malheureux dont la jeunesse fut flétrie par l'exil et la vie écrasée par l'adversité, demeure proscrit par delà la mort. Il n'a reçu aucun de ces hommages publics qu'une ville, un pays décernent à leurs enfants signalés par l'action ou la pensée.

Cet ostracisme est déplorable. Mais la sagesse commande aujourd'hui de respecter les arrêts injustes dont on ne souffre pas soi-même. A quoi bon récriminer? Pour obtenir la révision du procès de Veyrat, il faudrait peut-être démontrer que ce réfractaire obstiné n'a pas provoqué l'aversion dont il pâtit, ni bravé les rigueurs auxquelles il succomba. C'est une dispute longue et vaine après cinquante ans d'indifférence et d'abandon. Nous n'y entrerons pas. Nous voulons seulement rappeler à quelques amis pitoyables au talent malgré ses échecs, fidèles aux principes malgré leur disgrâce, une part, et la plus négligée, de l'œuvre de Veyrat. Rentré en Savoie après avoir subi de dures épreuves, tenté cent fois la fortune littéraire, composé de touchantes élégies, affilé d'inoffensives satires, ébauché des romans et des drames, le poète harassé devint journaliste. La malechance qui le talonnait le fit choir sur cette nouvelle route. De tous ses essais, le dernier lui est le moins compté. Déboire impersonnel, dont sa destinée est innocente. C'est le genre qui exclut la durée. Les petits écrits de presse tracés au jour le jour ne survivent que par miracle à l'occasion qui les a fait naître. Labeur quotidien, louange éphémère, si d'aventure louange il y a, c'est la

devise que les journalistes doivent adopter, par
humilité ou philosophie, en murmurant ces vers de
Juvénal :

*Nos tamen hoc agimus, tenuique in pulvere sulcos
Ducimus, et littus sterili versamus aratro.*

Pour tracer ces notes rapides nous avons pu em-
ployer des documents transmis à M. Louis Pillet par
le fils de J.-P. Veyrat. L'obligeance du dépositaire de
ces papiers nous a permis d'apporter en quelques
coins de cette étude un peu de lumière nouvelle. Si
l'homme dont nous nous occupons gagne à être mieux
connu, il le devra au dernier survivant de ses amis
qui n'avait pas déserté son agonie et qui n'a pas
renié sa mémoire. Le poète de *la Coupe de l'exil* ne
fut pas de ces écrivains à qui la postérité ne doit rien,
parce qu'ils se sont fait payer comptant par leurs
contemporains. Sa créance, quand il mourut, restait
intacte. Grâce à M. Pillet, une partie de la dette a été
diminuée. Nous souhaitons que dans un travail plus
étendu un de nos compatriotes l'acquitte tout à fait.

I

En 1843, J.-P. Veyrat fut chargé de la rédaction du *Courrier des Alpes* qui venait d'être fondé. Il avait, pour aboutir là, parcouru des chemins sinueux et accidentés.

Né à Grésy-sur-Isère en 1810, élève du petit séminaire de Saint-Pierre d'Albigny, puis du collège des Jésuites, à Chambéry, il suivait le cours de médecine à l'école de cette ville lorsqu'une équipée l'enleva à ses études et le jeta dans l'exil.

Un missionnaire prêchait à la Cathédrale au mois de janvier 1832. Sa présence dans la chaire fit fermenter les passions de la bourgeoisie voltairienne et de la jeunesse universitaire. On comprend cet émoi si l'on se reporte aux préoccupations du temps. En dépit de la censure, les écrits de France filtraient à travers la frontière. Le contre-coup des mouvements d'idées qui agitaient Paris se faisaient sentir en deça du Rhône. Or, à cette époque, la réaction anticléricale déchaînée par la révolution de 1830 était, chez nos voisins, à son plus haut période.

Les congrégations religieuses qui avaient fourni, sous la Restauration, les missionnaires si utiles et tant honnis, étaient impopulaires. La défaveur de ces apôtres, il faut le reconnaître, ne supposait pas toujours chez leurs détracteurs une hostilité radicale contre la foi. Les préventions semées contre les moines par les articles de la presse, par les satires de Paul-Louis et de Béranger, germaient dans beaucoup de cerveaux rebelles à l'impiété. Combien d'esprits libres cédaient aux préjugés à la mode et feignaient de croire aux artifices de la Congrégation et à l'artillerie de saint Ignace ? Se souvient-on de la venette qu'éprouva Dupin, accusé d'avoir visité Brugelette et de l'épouvante comique avec laquelle le pauvre légiste se vengea du tour que lui avaient joué les bons Pères en le menant à la procession ? Beaucoup de catholiques même s'effaraient et tombaient dans la méprise commune. Leur trouble a été confessé de bonne foi, plus tard, dans ces lignes que Lenormand écrivait en 1845 :

« En prononçant le nom de missionnaire, ma pensée se reporte à l'époque encore récente où leur apparition était pour la politique un sujet d'émotion et de scandale. J'ai quelque droit de parler de ces étranges inquiétudes, car je les ai docilement partagées. Notre ignorance des choses religieuses était telle, sous la Restauration, que nous n'hésitions pas à considérer les congrégations de missionnaires comme une invention d'ancien régime. On nous aurait fort étonnés alors en nous rappelant l'origine de ces congrégations. La philanthropie nous permettait de vénérer dans Vincent de Paul le père des enfants trouvés ; nous aurions lapidé celui des missionnaires. Dans ces variétés de la réprobation universelle dont ils étaient l'objet, il y avait place pour des sentiments presque catholiques ; ceux d'entre nous chez lesquels ne s'était pas effacée toute trace d'instruction chrétienne étaient disposés à plaindre les pauvres curés que de fougueux apôtres venaient ainsi troubler dans l'accomplissement de leur tâche..... »

Les Jésuites attrapaient, à l'ordinaire, la meilleure part de ces antipathies. Est-ce que leur prééminence intellectuelle et morale offusque le goût des classes moyennes pour les vertus et les talents médiocres ? Le fait est qu'ils perdent toute faveur quand fleurissent les doctrines de juste-milieu. Le règne de la tolérance fête toujours son joyeux avénement en leur prenant leur liberté.

Le rappel de ces sentiments et de ces faits n'est peut-être pas inutile pour juger exactement la conduite de J.-P. Veyrat au début de sa vie. Le contraste fâcheux que présentent les incartades de sa jeunesse et les entreprises de son âge mûr s'atténue à l'examen. Un jour, ses ennemis qui, selon toute vraisemblance,

avaient été ses complices, lui firent honte et crime
de cette dissonance. Du lointain où nous sommes
placés, le discernement est plus facile. Qui voudrait
reprocher trop aigrement à un adolescent d'avoir, en
sa vingtième année, suivi la mode et subi l'influence
de son temps? Il eut tort de se mêler à une fronde
ridicule et de jouer son avenir dans un instant
d'étourderie. La sottise est imputable à son âge
inexpérimenté, à son humeur imprudente. Il n'était,
quand il la commit, ni un iconoclaste, ni un factieux,
comme on l'a donné à croire plus tard. Il voulait
faire du tapage et non une révolution.

La mission que le Père Guyon dirigea à Chambéry,
au commencement de 1832, mettait en émoi toute
la population. Les exercices religieux, annoncés par
le *Journal de Savoie,* et inaugurés avec pompe le
2 janvier, se faisaient simultanément dans les quatre
églises de la ville. Un jour, à la Cathédrale, des étu-
diants, secondés par des auxiliaires de plus mince
étoffe, s'avisèrent de troubler la cérémonie. Le Jésuite,
en prêchant la pénitence, dérangeait, paraît-il, le
plan des divertissements qu'ils se promettaient durant
le Carnaval. Il leur était loisible de ne pas écouter
le sermon. Ils voulurent empêcher l'orateur de le
faire et leurs voisins de l'entendre. Il y eut du bruit
dans l'église : cris, injures ; des pétards éclatent ;
l'éventaire d'un marchand de chapelets est mis à

mal. Puis on va donner un charivari aux Jésuites du collège. Le désordre croissant, la troupe est mandée. L'émeute, hardie contre les missionnaires, mollit devant les soldats. On arrête les principaux boutefeux. Veyrat, qui était un des plus échauffés de la bande, gagne au pied et passe en France.

La sédition mit la ville sens dessus-dessous. Elle fut si grave que l'officieux *Journal de Savoie* n'en dit rien. Mais les correspondances privées nous transmettent l'écho du bruit que cet événement fit dans le Duché. L'autorité crut voir derrière les jeunes tapageurs la faction des vieux jacobins hostiles à la Restauration. Le syndic de Chambéry dut aller à Turin pour effacer le discrédit que les « héros des Rois » avaient jeté sur la ville qu'il administrait et pour calmer l'irritation du gouvernement. On comprend que les écervelés compromis dans la bagarre aient eu hâte de se soustraire à une répression que le premier coup de colère pouvait porter aux extrémités. Dans les rixes de la rue comme dans les polémiques de presse, il y a des gens habiles à lancer la pierre en cachant la main. Ils savent se retirer à couvert en cas de malemparée. Les naïfs qui ont précédé leurs chefs, se trouvent seuls après la défaite, heureux, si se mettant en quête des autres, ils ne les trouvent pas au premier rang des témoins à charge ou même parmi leurs juges les plus rigoureux.

II

On dit que beaucoup de gens ont été proscrits pour des opinions qu'ils n'avaient pas et que la persécution leur a données. Ce malheur arriva peut-être à notre jeune compatriote. Pour achever sa disgrâce, il tombait dans une société faite pour entraîner son esprit dans la voie où ses ressentiments le poussaient L'éruption de 1830 avait répandu sur la France un torrent de passions irréligieuses. L'Église, associée depuis 1815 au pouvoir de la monarchie légitime, n'avait pu, dans la surprise de la révolution, se dégager d'une solidarité où entrait une part de gratitude. Attaquée avec fureur par l'opposition durant la « comédie de quinze ans, » elle était accablée sous le triomphe de l'émeute.

Que la foi du poète vagabond ait plongé dans ce naufrage, on n'a nulle peine à l'admettre. Il est plus difficile de savoir jusqu'où alla son incrédulité. Ses ennemis que blessaient, après son retour en Savoie, la rigidité de son orthodoxie et la hauteur de son dogmatisme, affectaient de le considérer comme un

énergumène refroidi, un fanatique démonté, un
sacrilège fondu en sacristain. Intéressés à le noircir,
ils exagéraient la distance que sa pensée avait dû par-
courir dans ses va-et-vient répétés. Lui-même a
placé un récit de ses crises d'âme en tête de la *Coupe
de l'exil.* Dans cette autobiographie poétique, il se
peint secoué par les affres du doute, torturé du besoin
de croire et de voir, s'efforçant de rompre les liens
des passions qui tiennent son âme captive, cherchant
partout le repos intellectuel que le mensonge des
systèmes philosophiques lui avait ravi. Un hasard,
derrière lequel se cachait une grâce, le conduit dans
les montagnes de la Chartreuse. Il entre au couvent ;
il contemple à minuit les moines prosternés dans la
chapelle ; il est illuminé. La fiction a une grande part
dans cette histoire pathétique. Les gens que la cloche
de l'*Angelus* ramène à l'office ne sont pas bien
éloignés de l'église. Une conversion aussi soudaine ne
suppose pas une profonde perversion. Dans le tour-
billon où il fut saisi en quittant la Savoie, Veyrat
avait oublié les croyances de sa jeunesse. Il les retrouva
douces et consolantes quand il vint s'abriter au
pays natal. Il les professa avec joie et les défendit
avec une sincérité qui ne doit plus être suspecte.

A l'heure où il franchissait la frontière, ces pro-
blèmes ne paraissaient pas hanter son esprit. Il se
dirigeait sur Paris, non pour se mêler aux disputes

des sectes, mais pour reprendre ses études malencon-
treusement interrompues[1].

Ces beaux projets de travail, ces plans de vie
droite et paisible en vue de conquérir un diplôme et
de se caser dans une profession, furent vite délais-
sés. A prendre à la lettre toutes les allégations des
mémoires qu'il rédigea plus tard et que nous mention-
nons plus bas, on devrait croire qu'il a abandonné
l'école faute d'argent. Or, de son propre récit il
appert que les subsides paternels n'ont tari qu'à la
fin de 1833, époque où il avait déjà fait ses premiers

[1] Les notices accréditées font demeurer d'abord le fugitif
à Belley, puis à Lyon. Ce n'est qu'après la mort de l'*Homme
rouge* qu'il aurait gagné Paris dont Alexandre Dumas lui
aurait promis la conquête.

Un mémoire qui se trouve dans les papiers de la famille
Veyrat trace un autre itinéraire. Ce mémoire est adressé
à MM. Pognient et Molin, avocats à Chambéry, conseils
du poète dans un procès relatif à la succession pater-
nelle. L'auteur expose :

« 1° Que d'après les intentions de son père qui désirait
« lui voir continuer ses études à Paris, il est parti pour
« cette ville vers la fin de janvier 1832.

« 2° Qu'il est resté soit à Paris, soit à Lyon, toujours
« d'après les intentions paternelles, l'espace de quatre
« années et demie, consacrées d'abord à des études de
« médecine qu'il a été vers la fin forcé de suspendre à cause
« du mauvais état de sa santé et du manque de fonds
« nécessaires à ses frais d'étude et d'entretien. »

(Suit le détail des sommes remises par le père et... d'autres créanciers non donnés par la nature.)

pas de clerc dans la politique. Cette déviation hors du chemin qu'il se proposait de suivre a des causes diverses. Il débarquait en France tout chaud de son algarade contre les carabiniers et les Jésuites, il avait 22 ans, des rimes sonnant dans la cervelle, une auréole de martyr au front, l'orgueil d'une sottise, le ressentiment d'une défaite. C'est plus qu'il en faut pour tirer un carabin de l'amphithéâtre et le transformer en candidat grand homme. Il planta là le bistouri et les planches anatomiques. Il fila du côté de la fortune et de la gloire. Mais, croyant prendre un raccourci, il tomba dans une impasse. Il fonda un journal.

Au début de l'année 1833, Veyrat se trouvant à Lyon, rencontra un jeune homme de son âge, faisant des vers comme lui, tout aussi mécontent de son sort, nourrissant les mêmes fières ambitions et non moins pressé de remettre un peu d'ordre dans la société où il occupait une place trop exiguë et insuffisamment confortable. Louis Berthaud était fils d'un charpentier. Il avait déjà fait part de son talent au monde ; son coup d'essai fut même heureux. Collaborant à l'*Asmodée,* revue littéraire et politique lyonnaise, il publie un violent satire contre le roi. Poursuivi en cour d'assises, il présente sa défense en vers. Le jury demeure stupide et l'acquitte. D'où une

flatteuse notoriété dans le monde des opposants et un rapide débit de la pièce incriminée.

Nos deux poètes marièrent leurs muses pour composer l'*Homme rouge*, journal hebdomadaire, versifié, in-quarto de 8 pages. Le premier numéro parut le 2 avril 1833 ; le dernier le 25 août de la même année.

« Un insulteur à rimes riches, » telle est l'étiquette mise par Sainte-Beuve à cette feuille. Il n'y a pas à revenir sur le jugement sévère du critique. L'œuvre d'ailleurs ne vaut pas qu'on la dispute à l'oubli. Veyrat s'en servit pour assouvir sa haine contre le gouvernement dont il avait subi les coups. Voici de quel ton il s'adressait à Charles-Albert :

D'où viendra le vengeur ? Dans'ton peuple amolli
N'est-il plus de Corday, pas un Gavioli ?
Personne qui, sauvant l'Etat de la tempête,
Veuille risquer ses jours pour abattre ta tête !
Je ne sais, mais, ô roi ! si l'instinct d'avenir
Qui pousse le poète à maudir ou bénir,
A vu clair dans le sort que le Ciel te destine,
Tu mourras du stylet ou de la guillotine !
Quel que soit le trépas qui mordra dans ta chair,
Ton peuple bénira, tu lui coûtes trop cher !
Et cependant le jour où le flot populaire
Boira, dans l'ouragan, ton trône séculaire,
A ce jour de malheur qui bientôt aura lui,
Si ton trône éboulé ne t'emporte avec lui,
Sais-tu ce que fera ton peuple de sa proie,

Roi de Jérusalem, de Chypre et de Savoie?
Ses élus réunis en un grand comité
Décréteront ta mort à l'unanimité;
Un prêtre ira te voir, en ta triste fortune,
Pour te sauver au moins l'âme s'il t'en reste une!
Dans ton cachot, râlant sous le poids du remords,
Tu recevras, le soir, ta sentence de mort;
Aux tombeaux qu'a peuplés ta terreur militaire,
Trois fois, la corde au cou, tu baiseras la terre;
Tes complices de sang, dans ton pâle réduit,
Seront les compagnons de ta dernière nuit.
Aux coins de l'échafaud, quatre noirs cénotaphes
Porteront tes décrets de mort en épitaphes,
Et quand, pour ton trépas, rien ne fera défaut,
Prince, tu monteras alors sur l'échafaud,
Le bourreau sous ses pieds brisera ton épée!
Et l'on battra des mains sur ta tête coupée;
Et puis l'on brûlera, sur un bûcher de feu,
Ton cadavre royal avec ton drapeau bleu!
Afin que tout entier le sang versé s'expie,
Les bourreaux jetteront au vent ta cendre impie!
Et tes enfants, bannis du pays transalpin,
Aux maisons de l'exil iront quêter leur pain!
Et voilà cependant où ton destin te pousse.
N'EST-CE PAS, CHARLES-ALBERT, QUE LA VENGEANCE
[EST DOUCE!

Ces imprécations et ces menaces émurent-elles le prince à qui elles étaient dédiées? On a parlé d'un procès intenté aux pamphlétaires par le gouvernement français à la suite d'une plainte de l'ambassadeur sarde. Il n'en est rien. L'Harmodius et l'Aristogiton lyonnais brandissaient des poignards contre le tyran. Mais leur haine des oppresseurs était trop littéraire pour les pousser dans le voisinage des victimes qu'ils vouaient à la mort. Ils se tenaient loin de Charles-Albert qui se vengeait cruellement en ne se souciant pas d'eux. Comme le public, sans avoir les mêmes motifs, imitait cette indifférence, l'*Homme rouge* fut bientôt obligé de rengainer ses alexandrins homicides. Au bout du vingt-deuxième numéro il disparaissait le 25 août 1833.

Alors Veyrat et Berthaud, maudissant les brouillards du Rhône qui voilaient leur astre, quittent Lyon. Ils vont tenter la revanche à Paris. Là, ils sont rejoints par Hégésippe Moreau, un autre poète, à l'âme douce et rêveuse, fourvoyé dans la politique. Tous trois recommencent leur pamphlet. Ils habitent ensemble une chambrette de la rive gauche, très pauvres, très confiants et très gais. Leurs espérances ne tardèrent pas à se dissiper. A leur grande surprise, la capitale ne se troubla pas à l'apparition de l'*Homme rouge*. Ils avaient beau redoubler d'énergie à flétrir les despotes, multiplier les appels à la vengeance des peuples contre les rois, enfler leurs hyperboles et aiguiser leurs hémistiches ; l'attention des parisiens ne se détournait pas vers ces bons jeunes gens qui s'amusaient à jouer Hernani en face du roi-citoyen.

Cet échec ne faisait pas seulement saigner l'amour-propre de nos réformateurs ; il affectait douloureusement leur estomac. L'argent leur échappait avec la gloire. Depuis le mois de septembre 1833, où Veyrat était venu à Chapareillan et où il avait reçu de son père 600 francs, aucun fonds n'arrivait plus de Savoie. Il fallait vivre cependant et la vache enragée ne se débite pas gratis à Paris. L'association des trois auteurs de l'*Homme rouge* était rompue par la famine. Ils se dispersèrent. Hégésippe Moreau, ouvrier typographe, devait demander à son composteur le soutien d'une vie débile rapidement terminée à la Charité. Berthaud allait finir au même hôpital quelques années plus tard, en 1847. La destinée de leur compagnon ne devait être, on le sait, guère plus douce ni plus brillante.

Pour le moment il tient bon contre la fortune. Seul, inconnu, sans ressources, réduit à la littérature alimentaire, aux infimes travaux obtenus à force de sollicitations humiliantes et chichement rémunérés, il ne renonce pas à ses plans de rénovation sociale. Il devient d'autant plus révolutionnaire qu'il a plus de peine à dîner. Un monde qui dédaigne le génie de ses poètes et les tient à la portion congrue lui parait condamné sans rémission. Torquato Tasso

Non avendo candella per escrivere suoi versi,

Camoens nourri du pain mendié pour lui par un

esclave, Corneille manquant de tout « même de bouillon, » au rapport de Racine, Chatterton, Malfilâtre, Gilbert, tous les martyrs obscurs ou glorieux de la sottise publique doivent être vengés. Veyrat en a fait le serment et il le signifie aux bourgeois : « Bientôt, dit-il, nous aurons des palais, des voitures et des odalisques qui brûleront des parfums d'Arabie dans des cassolettes d'or. » Un jeune homme enivré de ces rêves de pacha devait s'affilier aux sociétés secrètes qui préparaient le bouleversement du monde mal fait et annonçaient le bonheur universel.

A cette époque, les révolutionnaires avaient encore le plaisir de conspirer. Notre poète démagogue se mêla à leur compagnie. Une tradition locale l'implique même dans un complot ourdi contre le gouvernement sarde. Selon la légende, il aurait, dès le milieu de l'année 1833, eu commerce avec des libéraux savoyards que ces relations auraient livrés à la cour martiale. On a raconté notamment que des écrits du rédacteur de l'*Homme rouge* découverts par la police chez un sous-officier de la garnison de Chambéry auraient causé la mort de ce soldat. Veyrat désolé, torturé par le remords, aurait voulu implorer le pardon de sa victime. Il aurait passé la frontière et serait venu à Chambéry, caché le jour, pleurant, la nuit, sur la tombe de l'ami qu'il avait perdu. Ce roman est pathétique et

inexact [1]. Le complot sur lequel il se fonde et qui
occupa beaucoup l'opinion publique dans le royau-
me, se liait aux agitations suscitées par les sectes
italiennes, en 1833. Cette conspiration avait des
foyers dans toutes les provinces de la monarchie, à
Turin, Gênes, en d'autres villes. A Chambéry, une
trame était formée entre des conjurés civils et mili-
taires. Il s'agissait de faire sauter la poudrière placée
derrière la caserne et d'anéantir la garnison fidèle.
Des jeunes gens pourvus de grades inférieurs dans
l'armée furent passés par les armes. On avait trouvé
chez eux des papiers venant de Marseille et de Lugano,
d'où partaient les consignes révolutionnaires. Dans
le récit de cet événement nous n'avons pas vu men-
tionner les pamphlets de Lyon, ni le nom de Veyrat.
Celui-ci ne figure pas davantage au nombre des con-
damnés par contumace. Il n'a pas pris part à l'échauf-
fourée d'Annemasse dans laquelle Ramorino entraîna
quelques mois plus tard une troupe de réfugiés.

On est donc fondé à le dégager complètement des
aventures dont fut grossi plus tard son bagage. Sa
fougue trouvait à se dépenser en France. C'est à
Paris qu'elle s'employa. Fort vainement d'ailleurs,

---

[1] Ce qui est vrai seulement, car nous en avons un témoin
digne de foi, c'est le séjour clandestin que Veyrat fit à
Chambéry vers cette époque. Mais l'irritation que lui causa
l'échec de la conspiration n'implique nullement sa com-
plicité.

car sa misère croissait avec son appétit mal sustenté
du revenu de quelques pièces de théâtre. Peu à peu
il descendait la spirale de cette vie de bohème qui
finit à la borne ou à l'hôpital. D'un vigoureux effort
il arrêta sa chute.

III

Ici est le nœud de l'existence politique de Veyrat.
Sa vie tourne court et sa pensée mue subitement.
Proscrit par Charles-Albert, il obtient sa grâce du
souverain qu'il avait voué à la mort. Apôtre écumant
des doctrines démagogiques, il devient l'interprète
officiel d'un régime absolu. On le retrouve après
quelques mois dans le camp auquel il avait livré de
furieux assauts, armé contre les troupes qu'il excitait
naguère à la bataille. Ce renouvellement soudain a
été jugé sévèrement par ceux qui en furent témoins.
Les jacobins ont accusé le transfuge d'avoir gagné la
faveur royale en livrant au gouvernement des secrets
compromettants pour d'anciens amis. Les conserva-
teurs n'ont pas fait à leur recrue un meilleur accueil.
Ils se méfiaient d'une conversion si imprévue. Dans
les luttes que poursuivaient alors les partis, les dra-

peaux avaient des couleurs bien tranchées, les opinions s'opposaient loyalement ; la logique des principes commandait la netteté des attitudes. Il y avait dans la politique comme un reste de chevalerie faisant une loi de la fidélité aux causes tombées, mettant à déshonneur le reniement des amitiés malheureuses et l'abandon des idées vaincues.

Quelque surprenante que soit la volte-face exécutée par l'ancien coryphée révolutionnaire, elle ne mérite pas les rigoureux anathèmes qui l'ont accablée. Elle ne fut pas le prix d'un marché infâme. Que pouvait vendre au roi de Sardaigne un jeune homme inconnu perdu dans la foule, sans influence sur le public, sans nom devant le monde, un écrivain obscur, un tribun de gazette dont les catilinaires avaient quêté inutilement des coups de sifflet ? Qu'importait à Charles-Albert marchant dans son rêve les satires d'un poète minable qui vociférait au loin ? Étouffe-t-on une voix que nul n'entend, gagne-t-on un ennemi incapable de nuire ? L'accusation de vénalité portée contre Veyrat est insoutenable. La haine aveugle de ses ennemis a répandu cette calomnie dont jamais aucune preuve ne fut donnée. Assez d'autres raisons expliquent sa conduite à cette phase pénible de sa vie. Ses mobiles n'ont rien que d'avouable et de naturel. Les uns avaient leur source dans un cœur affectueux, les autres dans une droite intelligence.

A la vérité, il était à ses dernières pièces quand la grâce royale lui vint. L'échec de ses ambitions politiques, le poids d'une vie incertaine alourdi du chagrin d'errer, obscur et besogneux, loin de la patrie qu'il chérissait, la rancœur des efforts stériles, la perte des jeunes illusions qui, six ans plus tôt, doraient sa misère, le pressaient de demander merci. Mais, dans ce désastre, il souffrait d'une plus noble angoisse. Il avait laissé au pays sa mère tendrement aimée et maintenant assaillie par le malheur. Dans sa famille, troublée par le mélange de sangs divers et par des conflits d'intérêt, cette femme n'était pas à la place où son fils eût voulu la voir. Elle réclamait son aide. Rien ne pouvait dispenser Veyrat de répondre à cet appel, de franchir les barrières qui le séparaient d'un devoir impérieux. Comme l'amour maternel impose tous les dévouements, l'amour filial commande tous les sacrifices. Une capitulation ainsi motivée n'est pas telle qu'on en doive rougir. D'ailleurs, en cette rencontre, l'esprit chez l'exilé s'accordait avec le sentiment.

Ses opinions inspirées autrefois par l'orgueil blessé, par le désir de la vengeance, par l'impatience d'une condition humiliée, avaient subi l'épreuve du temps et celle des hommes. A mesure que la passion s'était assoupie, le jugement était devenu plus libre, plus clair et plus froid. La réflexion avait soulagé Veyrat de préventions nombreuses. La connaissance exacte des partis où il s'était fourvoyé lui faisait peu à peu découvrir les mérites du gouvernement qu'il combattait. Mêlé à cette tourbe de démagogues rongés par toutes les plaies de l'ignorance, de la convoitise et de la vanité, il devait regretter la douceur de vivre à l'ombre d'un pouvoir régulier, paisible, équitable, où les honnêtes gens se consolent de la privation de quelques droits luxueux dans la jouissance d'une sécurité parfaite et d'une réelle indépendance sociale. La religion avait mis de l'ordre dans son intelligence ; il appréciait la vertu que possède la royauté traditionnelle pour maintenir cet ordre dans l'État.

Il n'était plus un ennemi de la monarchie, reniant ses principes par intérêt. S'étant trompé il reconnaissait son erreur et demandait, avec l'oubli, la permission de rentrer au pays en sujet loyal. Quelques hommes influents à qui son vœu fut recommandé appuyèrent la requête auprès de Charles-Albert. Son ban fut levé et en 1838 il retrouvait sa famille et la Savoie.

Il ne venait point dans ses montagnes pour s'y reposer. Dans la belle ode adressée au Roi il s'était engagé à consacrer sa plume à la défense du trône qui allait l'abriter et des doctrines qui offraient un refuge à sa pensée. Il songe d'abord, pour tenir sa promesse, à créer une revue où les savants et les écrivains du

duché auraient mis en commun le fruit de leurs
recherches. Le programme de cette publication est
déjà connu. Large place y était faite aux études
historiques, aux minuties de l'érudition. La nature
impétueuse de Veyrat eût été contrainte dans ce
cadre rigide. Ce n'était point à un travail de ce
genre que pouvait s'appliquer un jeune homme
d'imagination et de dispute. Il y a dans Walter Scott
un personnage qui parcourt, armé d'un ciseau, les
cimetières de l'Ecosse pour rafraîchir sur les tombes
les inscriptions effacées. Ce doux pèlerin est le patron
des archéologues. Mais son pieux labeur ne convient
pas à tout le monde. Veyrat n'y eût pas réussi. La
lutte l'attirait. Il lui fallait l'activité de la presse mili-
tante. Or, à ce moment une feuille nouvelle, le
Courrier des Alpes, poussait à Chambéry. Il en fut
le premier rédacteur en chef.

IV

Le *Courrier des Alpes* parut le mardi 3 janvier
1843. Il était d'un format exigu et d'un aspect sévère.
Trois larges colonnes endiguaient, à chaque page, la
prose dense et massive des longs articles entremêlés

de rares nouvelles apportées par une poste qui se
hâtait lentement. La presse de cette époque ignorait,
paraît-il, les artifices et les supercheries de la toilette.
Elle dédaignait les agréments postiches sous lesquels
il est facile de déguiser la maigreur de la pensée et
la déviation du style. C'était une tribune où l'on
montait pour enseigner. Qui l'abordait devait avoir
quelque chose à dire et s'être préparé à la dire. Sans
doctrine, sans culture et sans étude, on ne professe
pas longtemps. Aujourd'hui, la chaire politique, très
décriée, est d'un accès plus commode : y monte qui
veut. D'un sacerdoce peu auguste on a fait un métier
peu relevé. Le mâchurat façonné à l'écriture télégra-
phique, l'amateur gonflé de lieux communs, l'oisif
qui n'a pas oublié son rudiment, y peut prétendre
et réussir. Les lecteurs sont moins exigeants parce
qu'ils sont plus distraits. Hormis le troupeau des
Philistins qui ne lisent jamais, alléguant que la lettre
moulée ne donne pas de dividende et que l'agitation
de l'esprit trouble la paix de l'estomac ; mis à part
les hommes de plus en plus clairsemés dont l'esprit
se tient en éveil sur les choses qui ne profitent ni à
leur ambition ni à leur vanité, le troupeau que paît
la gazette se compose de gens simplement curieux.
Les amuser légèrement, les informer rapidement est
l'affaire du journal. Celui qui leur jette des nouvelles
à poignée comble leur attente. Celui qui argumente

offense leur supériorité quand il n'excite pas leur colère en dérangeant leurs opinions.

Il faut croire que le public de 1840 était moins rêche ou moins dissipé. Dès le premier jour, Veyrat le prit avec lui sur un ton doctoral, soutenu avec une grave éloquence pendant tout le temps qu'il mit à exposer les thèses fondamentales de son enseignement. La première page du *Courrier des Alpes* est occupée par un article contenant le programme politique et religieux du journal. Après avoir marqué son dévouement à la monarchie qui, existant alors, était légitime et à la patrie savoyarde dont nul ne prévoyait les nouvelles destinées, le rédacteur en chef écrivait :

« Relever la bannière nationale, donner une expression, un organe à ce besoin ou plutôt à cette soif de science qui dévore tant d'intelligences dans notre nouvelle génération ; veiller sur l'austérité des mœurs, cette force des empires ; garder l'honneur des familles ; éveiller le sentiment moral, sous la dégradation matérielle, pour réagir par lui contre cette corruption effrénée qui gagne toutes les classes ; replacer aux lieux qu'elles doivent occuper et où elles sont trop souvent violemment et artificieusement arrachées, les limites de la vérité, de la justice, des droits et des devoirs ; effacer entre les membres de la même famille les antipathies, les préjugés, les préventions, démontrer que sous le règne d'un roi juste comme le nôtre, le niveau de la loi ne s'abaisse et ne se relève pas selon le pays, la circonstance ou la qualité, mais qu'il passe à même hauteur de toutes les têtes ; aider en un mot de sa puissance le développement intellectuel, moral et matériel du pays, sous le triple aspect religieux, scientifique, industriel, tel sera, sommairement indiqué, le but du *Courrier des Alpes* et des écrivains qui doivent concourir à sa rédaction. »

Ce programme est vaste et l'entreprise ardue. Veyrat connaît les difficultés de sa tâche. Embrassant du regard le monde où il se jette en apôtre, il apercevait des ruines presque effacées, des ennemis audacieux, il comptait les défaites subies, mesurait les obstacles amoncelés. La longueur et l'aspérité de la route n'ébranlent pas sa résolution. Il sait que sa cause peut, comme le disait Mgr Dupanloup, perdre des soldats, qu'elle ne perd jamais de bataille. Il croit fermement que la religion a la garde de la civilisation, le salut les sociétés, la promesse du triomphe et le gage de la vie éternelle. Il répand sa certitude dans ces lignes dont l'emphase n'affaiblit pas la sincérité :

« Nous sommes chrétiens et nous venons ici témoigner pour le christianisme. Heureux et fier de cette mission sublime, nous tâcherons de nous en rendre digne, de nous élever à la hauteur de notre

glorieux mandat. Le moment est solennel ; les débats
sont ouverts de toutes parts sur les questions les plus
vitales de l'humanité. Mais, loin de redouter cette
action décisive, nous l'appelons de tous nos vœux ;
le christianisme n'a rien à craindre d'un examen
public et profond ; il est prêt à répondre devant tous
les tribunaux. Comme ce glorieux vieillard qui fut
accusé de démence par ses enfants et qui, pour toute
réponse, vint lire aux magistrats d'Athènes sa dernière œuvre de génie, le christianisme accusé d'ambition par les uns, d'incapacité par les autres, de
tyrannie par ceux-ci, de supercherie par ceux-là,
peut se présenter aux débats et pour toute réponse
lire l'Évangile à ses accusateurs. »

Ce manifeste surprit plus d'un lecteur. Le propriétaire du journal fut lui-même déconcerté par le
zèle impétueux de son collaborateur. Il eût préféré
une déclaration de guerre moins bruyante, un ton
plus nuancé, une fanfare adoucie, avec un peu de
révérence pour les adversaires de qualité. Dans le
public, ainsi abordé brusquement, sans précaution
oratoire ni flatterie préliminaire, les critiques s'éle-
vaient drues, malveillantes, acerbes. La ferveur de
croyance qui échauffait la prose du journaliste offen-
sait la logique d'anciens amis soupçonneux. Connais-
sant ses circuits à travers des doctrines désavouées
par sa foi nouvelle, ils taxaient son enthousiasme

d'hypocrisie. Des sots protestaient qu'une âme égarée jadis n'avait nul droit de s'immiscer aux affaires de la vérité. Les pharisiens se scandalisaient qu'un homme dont la pensée avait eu des détours et la vie des défaillances osât professer de si hauts principes. Ces héritiers préciputaires du ciel, refusant licence d'écrire aux simples mortels non munis de plumes d'anges, boudaient, pendant que les ennemis politiques raillaient et calomniaient, parlaient de trahison mercenaire et de conversion intéressée. Veyrat souffrait cruellement de ces froideurs et de ces haines. Il avait « une de ces âmes de fabrication trop fine qui, dit Stendhal, ont besoin de l'amitié de tout ce qui les entoure. » Ce support extérieur lui manquait. Il en sentait durement l'absence, mais n'en suivait pas moins avec fermeté la voie qu'il s'était tracée. Du jour où il voua son talent à la seule cause qui mérite ici-bas la complète adhésion de l'intelligence et le total abandon du cœur, il ne forligna pas. Nous retrouvons la même inspiration chrétienne dans l'article suivant où il exposait ses vues sur la littérature.

La production intellectuelle de son temps lui agrée peu. Il en parle d'un ton morose. A un esprit qui s'était ouvert quand le romantisme était dans toute la force de sa sève et l'éclat de sa fleur, l'état des lettres en 1843 paraît incliner vers la décadence.

L'incomparable génération poétique de la Restauration est décimée ; la politique a ravi aux chaires
universitaires leurs maîtres éloquents. Le public
s'est lassé avant les artistes. L'élan des cœurs est
tombé ; beaucoup d'illusions évanouies. L'âge de la
critique maussade succède à celui du lyrisme. Après
les méditations de Lamartine et les odes de Victor
Hugo viennent les tirades révoltées de George Sand
et les sombres analyses de Balzac. La foule se nourrit
des rapsodies d'Eugène Suë. Il sort de là comme une
fumée de pessimisme qui voile les cerveaux. C'est le
temps des héros pratiques et blasés qui, selon la
forte expression de Taine « jugent la vie laide et sale,
et jettent de la boue avec colère et avec plaisir contre
l'essaim brillant des beaux songes qui viennent bour-
donner au seuil de la jeunesse. »

Cette infirmité des enfants du siècle, Veyrat l'a
éprouvée. Mais il connaît son mal et, qu'il en fût ou
non guéri lui-même, il travaille à en préserver les
autres. S'y prend-il bien ; tout en détestant le tour-
ment qui a ravagé ses premières années, trouve-t-il le
bon moyen d'en inspirer l'horreur? Il nie le talent
des séducteurs dont il veut dissiper les prestiges.
Leurs livres, à son sentiment, ne blessent pas seulement la morale, ils outragent l'art, insultent le
goût. Plus d'écrivains, des marchands et des marchands sans probité. L'arrêt trop sommaire frappe

des écrivains qui ont fait appel devant la postérité.
Cela prouve peut-être contre le discernement du
juge sans infirmer la valeur des principes dont il
s'inspirait.

Pour lui, la littérature n'est pas un jeu de l'esprit,
un exercice de l'intelligence auquel l'auteur se livre
par goût et où le lecteur n'a qu'à se délecter sans
autre souci. L'art pour l'art n'est point son fait. Il
assigne une mission à quiconque tourne vers ou prose
et partant lui attribue une responsabilité. Or il lui
semble que la littérature du temps faillit à sa destinée. Il l'accuse de perdre la vue des hautes sphères,
de raser le sol, de s'embourber dans le matérialisme.
La corruption de l'esprit, la perversion de l'âme
sont les effets de cette déchéance.

Le troisième numéro du journal ne contient pas
d'article original de Veyrat. Des nouvelles de politique
étrangère et de menus faits divers le composent avec
une étude de Raoul Rochette sur la galerie royale de
Turin et un *lundi* de Sainte-Beuve. Grâce à l'incer-
titude de la propriété littéraire on pouvait alors
arranger, en province, trois pages intéressantes à
l'aide d'une paire de ciseaux. Le 7 janvier, le rédacteur en chef traite de l'*Industrie au point de vue
politique et social*. C'est un solide morceau où l'im-
portance de la révolution économique opérée par le
développement du machinisme est mise en lumière

en même temps que les effets de la centralisation industrielle sont clairement pressentis. Ces hautes préoccupations se retrouvent, avec un ton plus pessimiste encore, dans deux articles publiés à quinze jours d'intervalle, sous ce titre : « Du progrès de la démoralisation publique. » Le 4 mars commence une étude critique d'un nouveau livre de Lamennais *(Amschaspands et Darvands).* Cette œuvre de polémique politique et littéraire s'achève le 25 mars [1].

V

A dater de ce jour, la collaboration de Veyrat au journal est intermittente. La signature ne reparaît qu'une fois, le 22 juillet, au bas de stances dédiées à la reine Marie-Christine.

Cette retraite n'était pas volontaire. D'âpres discussions entre le directeur et le rédacteur en chef, un débat de préséance, un désaccord d'intérêt en furent les causes. Sur ce différend nous avons des notes de Veyrat, des brouillons de mémoires rédigés en vue

[1] Dans une de ses notes manuscrites, Veyrat dit qu'il a publié du 1er avril au 1er juillet seize articles dont il n'indique pas le sujet. Il s'agit probablement d'entrefilets anonymes et de feuilletons signés de trois astérisques.

d'obtenir l'assistance de ses protecteurs influents. Il faudrait connaître les raisons de la partie adverse pour trancher le litige et faire un équitable départ des responsabilités. A défaut de documents, nous exposerons les doléances du plaignant avec la réserve qui sied.

D'après les conventions arrêtées le 24 mai 1842 entre le fondateur du *Courrier des Alpes* et l'écrivain dont il demandait le concours, le journal était établi sur les bases suivantes : M. J.-M. Raymond, propriétaire de la feuille, en gardait la direction, J.-P. Veyrat était rédacteur en chef de la partie littéraire et politique. Il recevait un traitement annuel de 1,500 francs, accru du produit des annonces non judiciaires. Un sous rédacteur lui était adjoint[1].

Le jour même où ils se mirent en ménage les deux associés commencèrent de se disputer. Le directeur veut amender l'article portant le programme du journal. Le rédacteur refuse toute atténuation. Le surlendemain, nouveau conflit. Survient une dissertation sur l'*Industrie,* qui ne passe qu'après une menace de procès. La chicane continue et redouble. Bientôt la paille est complètement rompue. Il y a des altercations violentes « des scènes de deux heures. » Veyrat insinue dans un plaidoyer que cette querelle de boutique cache des intrigues de parti. Il fait de M. Ray-

[1] Il s'appelait Berthoud.

mond l'instrument de la petite troupe libérale alarmée
de voir un écrivain de talent professer avec succès les
doctrines d'autorité. Cette allégation manque de vraisemblance. Faite pour nuire à celui qu'elle visait, elle
devait au moins le blesser. Les sentiments royalistes
et catholiques de M. Raymond étaient hors de conteste.
Mais il les exprimait différemment. Ce qui est certain,
c'est que trois mois après la publication du *Courrier,*
les deux fondateurs étaient devenus ennemis irrécon-
ciliables. Le bureau de rédaction avait d'abord été
établi au domicile de Veyrat, rue des Remparts,
N° 7 *bis.* Vers la fin de mars, il est transféré au Ver-
ney. C'est une promenade fatigante pour le rédacteur malade. On aggrave la corvée en lui fermant
l'accès de ce bureau aux heures où le directeur et le
secrétaire s'absentent. Il n'a point de clef ; il ne peut
emporter les journaux dont il a besoin pour son
travail. Des articles qu'il fournit, la moitié ne vas pas
à la casse.

Ces piqures faisaient beaucoup souffrir Veyrat qui
était sorti tout écorché des mauvais chemins de sa
jeunesse. Son caractère difficile s'était aigri dans le
malheur. La faiblesse de sa santé lui rendait encore
plus pénibles les taquineries dont son amour-propre
prenait ombrage. D'autre part, M. Raymond ne pouvait s'accommoder d'un auxiliaire toujours sur la dé-
fensive, intraitable, susceptible, hérissé. Il lui faisait

d'ailleurs un reproche qui le dispensait de justifier
autrement ses procédés trop rudes. Le rédacteur,
trahi par ses forces, manquait souvent à la tâche
qu'il devait remplir. On ne saurait exiger d'un hon-
nête bourgeois la magnificence de Mécène, ni interdire
au propriétaire du *Courrier* d'avoir quelque répu-
gnance à payer un travail qu'on ne lui donnait pas.
Le 1er juillet, il ferma sa caisse au nez de l'écrivain.
Celui-ci protesta, réclama l'appui des gens puissants
qui lui voulaient du bien. Comprenant l'impossibilité
de rétablir l'union entre deux hommes d'humeur
incompatible, il proposa une combinaison propre à
les séparer amiablement. Il offrait 15,000 francs pour
acheter la propriété de M. Raymond, s'engageant, en
cas de refus, à céder ses droits au même prix. Le gouvernement qui souhaitait la paix, termina la querelle
par une sentence inspirée de Salomon. La lettre sui-
vante adressée à J.-P. Veyrat met fin au conflit :

Turin, 7 octobre 1843.

« Monsieur et honorable compatriote,

« Votre affaire avec M. Raymond est une affaire
réglée et entendue avec le ministre des affaires étran-
gères, qui même par le dernier courrier doit avoir
notifié les intentions de S. M. à cet égard. Vous
recevrez exactement et sans plus de difficultés les
quinze cents livres annuelles qui vous sont allouées.

J'ai promis en votre nom et par forme de transaction
que vous vous désisteriez de toute instance judiciaire
sans aucune réclamation ; que de plus, vous coopé-
reriez spontanément à la rédaction du journal, sans
que M. Raymond puisse exercer aucune coaction
pour cet objet ; ainsi, en cas de maladie ou pour tout
autre motif qui vous empêcherait de payer votre
tribut, vous n'éprouverez de sa part aucune insistance ;
c'est une raison de plus pour que vous acquittiez avec
quelque sollicitude, une dette qui par là même qu'elle
est volontaire, engage davantage votre délicatesse et vos
sentiments nationaux. Je vous fais part de tout ceci très
confidentiellement. Je vous invite toutefois à m'écrire
officiellement pour m'annoncer que vous vous abstien-
drez de toute ultérieure poursuite judiciaire, du
moment que vous avez l'assurance que les intentions
bienfaisantes du gouvernement concernant l'allocation
de 1,500 francs en votre faveur seront exécutées, et
que de plus, vous vous empresserez autant que votre
santé vous le permettra, de contribuer à la prospé-
rité du journal par la communication de quelques
articles. J'ai besoin de cette déclaration de vous pour
acquitter la promesse que j'ai faite au comte de la
Marguerite pour l'amener au but vers lequel je ten-
dais, celui de vous assurer une pension viagère sur
le journal de Savoie, sous la condition ci-devant
énoncée. Cette négociation que j'ai conduite à terme.

non sans quelque difficulté, vous prouvera que l'intérêt que je vous porte n'est pas resté inactif.

« Je suis, à la hâte, avec les sentiments les plus affectueux,

« Votre dévoué compatriote,

« AVET. »

L'écrivain, retiré dans ce modeste canonicat, ne reprit pas sa plume de journaliste. Brisé par les angoisses morales, il sentait croître en lui rapidement le germe de la phtisie ramassé aux jours de détresse. Il avait mis un peu d'amour dans sa vie désolée. Son cœur se reposait près d'un foyer naissant. Quelques rares amis, les meilleurs, ceux que l'adversité n'écarte pas, le visitaient. Quand la maladie faisait trêve, il composait des vers. A la fin de 1844, il s'éteignit après avoir reçu les consolations religieuses que lui apporta Monseigneur Billiet. Des capucins l'assistèrent à ses derniers moments. Il expira entre les bras de ces fils du Poverello, comme le Tasse à Saint-Onuphre, redisant avec cet autre exilé que « s'il n'y avait pas la mort, la vie serait une bien triste chose. »

Le journal où il avait usé ses dernières forces donna à peine un salut à son cercueil, qu'un maigre cortège accompagna au cimetière. Une croix de bois fut dressée sur sa tombe. Un jeune poète, M. Puget, y traça ces deux vers :

Les hommes comme toi sont de race immortelle
Ils n'ont pas besoin de tombeau.

La pluie eut vite effacé l'inscription. Après quelques années, la fosse s'ouvrit à de nouveaux morts à qui les hôtes anciens durent céder la place.

L'histoire de Veyrat est celle d'un écrivain dont le talent a été fauché dans sa fleur et d'un homme qui, en quelques années, a touché le fond de la souffrance. Ses malheurs n'ont pas eu tous la même source. Les uns lui vinrent d'autrui. Il a été l'auteur des plus cruels. Jugeant la vie en poète, il lui demandait ce qu'elle ne peut donner. Cette méprise a causé la majeure part de ses déboires. Il a subi le sort des hommes qui rêvent ici-bas las conquête du bonheur et qui, voyant fuir leur chimère, n'ont pas le courage de la poursuivre ni la sagesse de la dédaigner.

Chambéry. — Imprimerie Savoisienne.

www.ingramcontent.com/pod-product-compliance
Lightning Source LLC
LaVergne TN
LVHW022032080426
835513LV00009B/1007